9割の不動産営業マンは“お勧め物件”を自分では買わない

不動産投資でほんとうに儲かる人、儲からない人

株式会社「わひこ」代表取締役
浅野 恵太

GENTOSHA
幻冬舎

まえがき

サラリーマンだからこそ、不動産に投資する

正社員として企業に勤めれば、終身雇用に守られ、退職後も年金で安泰だった時代がありました。

しかし昨今では、たとえ正社員でも、減給、リストラ、倒産などの嵐にさらされ、多くの人が将来に不安を抱えています。

そのため、やりたいことを実現したり、家族を幸せにしたりするのに、自分が勤務する会社の給与だけを頼りにしているのでは、かなり難しいと言わざるを得ません。

これからの時代は、会社の給与以外に収入を得る方法を持つことが、非常に重

要になります。

そこで、収入源の一つとして真っ先に候補にあげてほしいのが、不動産投資です。

私は、不動産投資ほど、サラリーマンに向いている投資はないと考えています。

その最大の理由は、不動産投資は「不労所得」だからです。

不動産以外で「投資」といえば、株やＦＸ（外国為替証拠金取引）などがすぐに頭に浮かぶでしょう。

しかし、こうした金融商品は、常に値動きを見ていなければなりません。

インターネットが発達した現代では、世界中の市場をいつでもすぐに見ることができます。

値動きが気になり始めたら、おちおち夜も眠れず、本業に影響することも考えられます。

多忙なサラリーマンは、ある程度、人任せで運用できるものを選ばなければなりません。

そこで、マンションの1室や物件を1棟丸ごと購入し、入居者を募集、家賃収入を得る仕組みのほとんどを不動産業者や管理会社に任せることができる不動産投資が、サラリーマンにはふさわしいのです。

不動産投資は「投資」ではなく「事業」の一つ

不動産投資には「不労所得」であること以外にも、たくさんのメリットがあります。

まず、自己資金が少ない人でも、銀行からお金を借りて投資できること。目標の額までお金が貯まるのを待つことなく、「投資を始めよう」と思ったときにスタートすることができます。

次に、不動産投資はギャンブル性が低いということがあげられます。

「投資」というと、「市場や相場任せで、リスクが高い」と考える人が多くいます。

しかし、不動産は実物資産であり、建物や土地に一定の価値があります。

そのため、現金や株券などのように、発行している国や会社の状況によって、価値がゼロになってしまうことはありません。

また、不動産投資は、家賃という安定した収入を得ることができます。

目先の値動きに左右されずに、計画的に資産を築くことが可能なのです。

私は、不動産投資は、一般的に皆さんが持つ「投資」のイメージよりも、「事業」の一つに近いと考えているのです。

さらに、「事業」であれば、これまでは「いくら引かれているかわからない」状態だった税金についても、積極的に学び、合法的にムダを省くこともできるでしょう。

不動産でライフプランを実現しよう!

会社からもらう給与以外に、毎月決まったお金が手に入るとしたら、あなたのライフプランはどう変わるでしょう。

かねてから「学びなおしたい」と思っていた分野の勉強をするため、大学院に通うこともできるでしょう。

「リタイアするまでは、無理だろうな」と思っていた田舎の家を手に入れて、週末はそこで過ごすことも可能です。

生活のため、家族のために、必死で残業していた時間を、もっと子供と一緒に過ごすこともできるはずです。

私は、収益物件を紹介する不動産投資コンサルタントとして、不動産投資を始めて、大きく人生が変わった人を、何百人も見てきました。

また、自分自身でも、アパート2棟など、少しずつ所有物件を増やしながら、夢を叶えてきました。

不動産投資では、利回りやキャッシュフローを計算することは、もちろん大切です。

でも私は、それよりも、あなたがどんな人生を送りたいか、何をしたいのか、夢を持つことが、欠かせないと考えています。

そうすれば、不動産投資は、あなたの人生で、やりたいこと、願うことを実現するためのツールになり得ます。

日本には、３０００万人以上いると言われている、サラリーマン。

経済を支え、自分と家族を幸せにするために、身を粉にして働くサラリーマンが、不動産投資という選択肢を得て、幸福な人生を歩むきっかけに、本書がなれば幸いです。

9割の不動産営業マンは〝お勧め物件〟を自分では買わない

もくじ

第2章
不動産投資は、最初の1軒が一番大切

第3章 アパートとマンション、どっちを選べばいいのか？

第4章

3000棟の物件を調査したプロが教える目利きの法則

第5章

建物を豪華につくっても賃料が高くなるわけではない

第6章

投資で儲かるサラリーマン、儲からないサラリーマンはどこが違う?

あとがき

出版プロデュース／株式会社天才工場　吉田浩
編集協力／塩尻朋子
装丁／小松学（ZUGA）
DTP／美創

第1章

今なぜ、
不動産投資なのか?

自己資金が少ない人が、投資を始めるのは今！

私は、不動産投資で成功するための大事なポイントの一つは、間違いなくタイミングだと考えています。

近年は、２０１２年から始まった、アベノミクスの金融緩和政策により、銀行が融資に積極的な姿勢をとっています。

そのため、不動産投資に対して融資が出やすい環境にあります。

これが何を意味するのかというと、まとまった金額を用意しなくても、借入金で投資がすぐに始められるということです。

収益物件の購入は、よほどの資産家でない限り、基本的に銀行から資金を調達

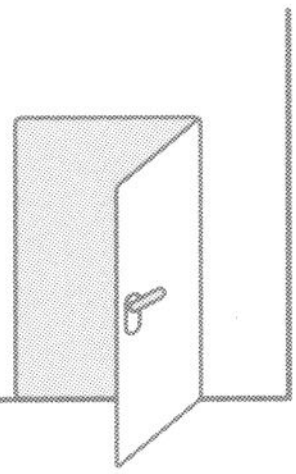

して行います。

そのため、銀行からお金が借りられないと、いくらやる気があっても投資をすることができないのです。

一昔前は、個人のサラリーマンは、自己資金がなければ、融資を受けるのが難しく、簡単に不動産投資に参入することができませんでした。

それが昨今、銀行が競って融資を増やそうとしているため、サラリーマンにも貸し出しを広げています。

また、金利や貸し出し金額などの条件が、年々よくなってきています。

2016年1月に導入された「マイナス金利政策」は、さらにこの状況を後押ししています。

「マイナス金利」とは、通常はわずかながらもプラスの金利が、マイナスになった状態です。マイナス金利になると、預金しているお金の利子を、もらうのではなく銀行に払わなければならなくなります。

しかし、今回のマイナス金利政策は、個人の預金の金利の話ではありません。金融機関が、日本銀行に預けているお金に対して適用されます。

そのため、各金融機関は、日銀にお金を眠らせておくと、利子を払わなければならないので、企業に融資をしたり、不動産投資に資金をまわしたりするのです。

不動産投資を始める時期としては、今はまさに逃してはいけないタイミングなのです。

不動産投資はレバレッジをかけることができるもの

投資の世界には「レバレッジ」という言葉があります。

レバレッジ（leverage）とは、「レバー（lever）」を語源として作られた言葉です。レバーは、「てこ」を意味し、レバレッジとは、小さな元手で大きなお金を動かすことを指します。

株式投資やＦＸなどには、資金の数倍の投資対象を売り買いできる、レバレッジのシステムがあります。

不動産投資には、こうした仕組みはありませんが、実は、銀行の融資を活用することで、レバレッジと同じようにとても大きな投資効果を生み出すことができるのです。

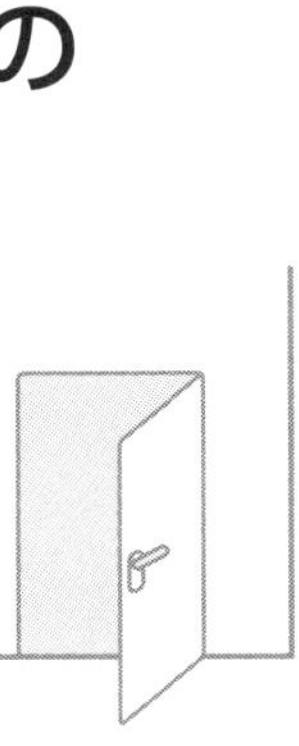

たとえば、自己資金が1000万円ある人が、1億円の融資を受けて収益物件を購入したとしましょう。

通常、不動産投資では、物件の代金はローンでまかないますが、仲介手数料などの諸費用は現金で払います。

この場合、7%の手数料を支払うとすると、1000万円の手持ち資金から、700万円を払います。

つまり、700万円の自己資金で1億円の物件を運営するのですから、約14倍のレバレッジだと言えるのです。

また、この物件から、わかりやすく年間1000万円の収益が上がると仮定しましょう。

1ヵ月に換算すると、約83万円になります。

すると、この投資の利回りは10%にものぼるのです。

700万円を定期預金に預けるとして、どんなに利回りの高い銀行でも利率は

０・２％です。

年間に１万４０００円、１ヵ月では１２００円程度にしかなりません。

レバレッジが、どれだけ大きな違いを生み出すか、おわかりいただけたのではないでしょうか。

不動産市場は、成熟し切っている？

ここ数年、不動産市場の活況が続き、不動産価格はピークに達したのではないかという声があります。

確かに、リーマンショックや、東日本大震災のあとなどに比べると、価格が上がり、利回りが目立って高いものも、減ったかもしれません。

その理由の一つとして、前述した、銀行の融資に対する姿勢があります。

融資が出やすいということは、それだけ「お金を借りて物件を買える人」が増えるということです。

そのため、以前より多くの人が、不動産を買うようになったため、価格が高騰します。

また、ライバルが多くなり、よい物件が奪い合いになるため、利回りの高いものは手に入れづらくなります。

とはいえ、不動産投資とは、単純に表面利回りだけで判断するものではありません。

ここで、投資をトータルで考えてみましょう。

近年は、融資を受けやすくなっただけではなく、金利の面でも非常に優遇されています。

かつては、４〜５％の金利が当たり前だったのが、最近では１％以下が増えています。なかには、銀行とよい関係を築き、０・５％の金利で、借り入れをしている投資家もいます。

この借入金利を含めて、利益を考えてみましょう。

投資利回りから、金利を引いたものをイールドギャップと言います。

イールドギャップは、一般的に、銀行ローンを利用して不動産投資をする際の、物件の収益性を判断する一つの指標として使われています。

仮に、利回りが10％の物件を、４％の長期金利で借り入れして購入したとします。この場合、イールドギャップは、10％－４％＝６％となります。

次に、利回りが８％の物件を、１％の金利でローンを組み、購入したとすると、イールドギャップは、８％－１％＝７％となり、利回りが10％の物件より高くなるのです。

確かに、物件の利回りは低くなる傾向にありますが、銀行の借入金利を合わせて考えると、あながち、投資環境が悪化しているとは言い切れないのです。

むしろ、自分ではコントロールできない「金利」が優遇されている今は、成功する要因が増えているとも考えられるのです。

「少子高齢化」なのに、不動産投資は大丈夫？

銀行から有利な条件で、融資が受けやすいのはわかった。

でも、日本は「少子高齢化」に向かってまっしぐらに進んでいるのに、ほんとうに、賃貸物件の需要は減らないのか。

そう心配する人も少なくありません。

確かに、これからどんどん人口が減少し、特に若者の数が減っていくのであれば、物件の供給過多になる可能性は低くありません。

ですが、私は、地域による差はどんどん広がるけれど、需要が減らないエリアは、いつの時代も必ず存在すると考えています。

総務省統計局による、こんな調査結果があります。

２０１５年に、人口の流出よりも流入が多く、転入超過となったのは８都府県でした。

まず、東京都、神奈川県、千葉県、埼玉県の首都圏、愛知県、大阪府、福岡県、そして沖縄県です。

※参考ＵＲＬ
（総務省統計局　平成28年1月29日公表　住民基本台帳人口移動報告）
http://www.stat.go.jp/data/idou/2015np/kihon/youyaku/index.htm#a1

さらに詳しく見ると、転入超過の都府県でも、たとえば、北九州市（福岡県）や横須賀市（神奈川県）、寝屋川市（大阪府）など、転出超過になっている市もあります。

また、反対に、都道府県全体では転出超過でも、札幌市（北海道）、つくば市（茨城県）、京都市（京都府）など、ある特定の地域だけは人気があり、転入超過になっている市もあります。

あなたの住む地域でも、考えてみてください。

誰もが、同じ市内でも「このあたりがいい」「このエリアはいつも人気」という地域があるのを、なんとなくわかっていませんか。

また反対に、住みたがる人が少ない地域もあるはずです。

さらに考えれば、区画整理や再開発などの情報を集め、しっかりと先を見越した計画を立てれば、たとえ購入当時は需要が少なくても、あっという間に「物件が足りない」という状態になる地域もあります。

「少子高齢化」だからといって、全体の需要が激減するとは、必ずしも限らないのです。

また、近年、旅行者ではなく、仕事のために一定期間、在住する外国人の数が増えています。

統計によれば、20年前と比較すると2倍近い200万人以上が来日しているといわれています。

首都圏や工業地帯などでは、こうした需要が高まっていることも知っておくべきでしょう。

株価の変動とは違う！賃料はほとんど下がらない

もし、あなたが賃貸アパートやマンションに住んでいるとしたら、ここ数年で家賃は値上がり、または値下がりしたでしょうか。

賃貸契約を継続するときに、更新料を払うことはあっても、家賃は何年も、あまり変わらないのではないでしょうか。

ある調査機関の調べによると、首都圏の中古ワンルームマンションの、賃料の平均は、２００５年に６万８５８２円だったものが、９年後の２０１４年でも、７万１７８５円だそうです。

価格破壊が進む、衣料品や航空運賃などと比べると、ほぼ横ばいだと言ってい

いでしょう。

また、リーマンショックのとき、株価は40％以上下がり、大暴落しました。でも、家賃はほとんど変化がなかったことを、記憶している人も少なくないでしょう。

それどころか、引っ越しを避けて、同じ住居に、同じ家賃を払いながら、住み続けた人が多かったのではないでしょうか。

ただ、もし、あなたが収益物件を購入するとしたら、新築を購入すると、1回だけ、必ず家賃が下がる局面に遭遇するでしょう。

それは、最初の入居者が退去したあとの、次の募集のときです。

日本人は、新築を好む人が多いため、まだ誰も入居していない物件は、相場よりも高めに家賃を設定することができます。

これが、一般的に「新築プレミアム」と呼ばれる価格です。

2回め以降の入居者にとっては、いくら築年数が少なくても「新築」ではなくなるため、通常の価格になります。

でも、これも、言わば、適正な価格にもどるだけのことですから、最初からそのつもりでいればよいのです。

私が、ほかの投資商品に比べ、「不動産投資のリスクは低い」と考える理由の一つに、このように家賃が大きく変動しないことがあげられるのです。

ローンは入居者が払ってくれるうえに、現物資産が残る

「そんなことを言っても、やっぱり多額の借金をするのは怖い」

そう考える人も少なくありません。

「もし、うまくいかなくなったら、1億ものお金を返済する自信がない……」

と言われたこともあります。


でも、不動産投資のローンは、あなたが住む家を買うための住宅ローンとは違います。

毎月の給与から、返済するわけではありません。

物件に住む入居者が支払う家賃で返済するのです。

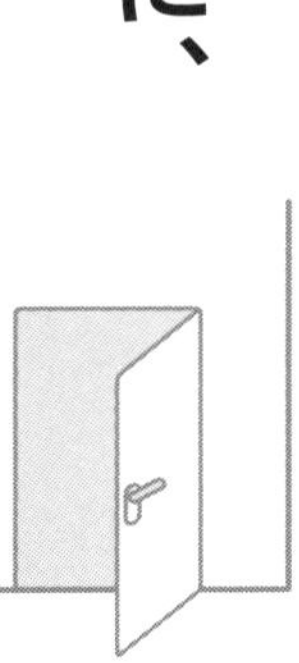

きちんと利益を生み出す物件さえ購入していれば、よほどのことがない限り、返済に苦しむことはないはずです。

私はいつも、「不動産投資とは、どんな仕組みか」を説明するために、こんなたとえ話をします。

1億円の箱を、あなたが銀行のローンを使って購入したとします。

この箱を、きれいに磨き、整えたら、そこに「住みたい」という人が現れます。

そして、家賃を払って住んでくれます。

箱が、入居者に提供する価値に、お金が支払われるのです。

あなたは、箱のローンを、手持ちの資金から支払う必要はありません。

箱が生み出すお金で払えばいいのです。

箱は、よい状態に保ち続ければ、5年経っても、10年経っても、お金を生み出し続けます。

そのお金で、銀行のローンを支払います。

ローンの返済以上に箱がお金を生み出してくれれば、別の箱を買うための資金にすることもできます。

また、箱の価値は、年月が経過しても、極端に下がることはありません。

そこで、何らかの理由で、箱を手放したいと思ったときは、箱を売ることができます。

たとえ、1億円で買った箱が9000万円に下がっていたとしても、ローンはある程度返済できていますから、そのとき大きな金額が必要になることはないでしょう。

本業に影響せずに「不労所得」が得られるのは不動産だけ

自分がせっせと働いた分、対価としてお金をもらうのが「勤労所得」です。

ほとんどのサラリーマンがもらう給料は、これにあたります。

その一方で「不労所得」とは、自分が働かなくても得られる収入を指します。


そうは言っても、「物件を探すところから始め、入居者を探したり、退去したあとリフォームをしたりなど、不動産投資だって、やるべきことが少なからずあるのではないか」と考える人もいます。

でも、こうした作業は、働いてその分の収入を得る、「勤労所得」とは違います。

あくまでも「お金を生み出す箱の価値を上げ、効率的に箱を稼働させる」ため

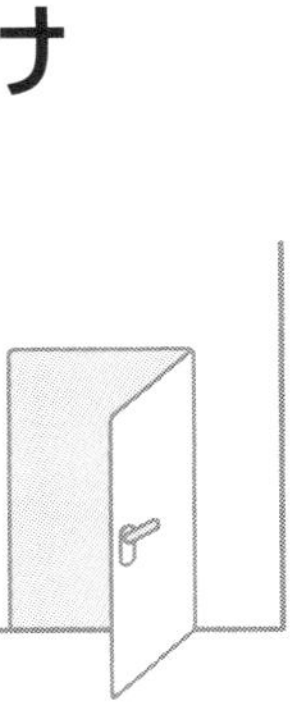

のものです。

「不労所得」を生み出す仕組みのためにやるべきことなのです。


また、物件を手にするところから始まり、不動産を維持、管理していくときにも、不動産投資ではプロの手を借りることができます。

不動産会社、また管理会社によって、担当する業務はさまざまですから、任せる範囲を決めて、重要な部分や、問題が起きたときだけ自分で判断するようにすればいいのです。


さらに言うと、部屋を借りるときは、地域によりますが、最低でもだいたい2年契約を結ぶはずです。

これだけたくさんのお店や情報があふれている現代、2年も続けて決まった金額を払ってくれるお客さんは、とても貴重な存在です。

あなたがどんなに気に入ったレストランがあったとしても、2年間ずっと、毎月通うことはないのではありませんか。

よほどのことがなければ、ひとりの人が、最低2年もの間、家賃を払い続けてくれる。そして、きちんと不動産を維持していれば、借り手は変わっても安定して家賃収入を得られる不動産投資は、究極の「不労所得」だと言えるのではないでしょうか。

老後資金は不動産でつくる

このように、お金を生み出してくれる箱が不動産です。

普通預金の金利が０・００１％の現在では、１００万円を１年間銀行に預けたとしても、もらえる利息はわずかに10円です。

１０００万円を預けても１００円、そして、たとえ１億円を預けたとしても、たったの１０００円しか利息がつかないのです。

これでは、老後の資金を貯金でつくろうとしてもほとんど不可能だと言えるでしょう。

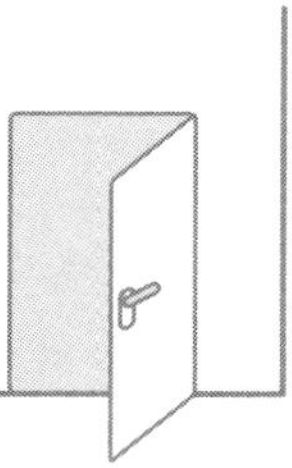

「そうはいっても、元本保証の預金でないと心配」という人によく話をするのが、不動産投資で考えられるリスクのほとんどは、回避することが可能だということです。

たとえば、最も大きなリスクと考えられている「空室」さえ、そもそも需要が少なかったり、反対に競争が激しすぎたりするエリアを避けることである程度コントロールできます。

また、しっかりした管理会社に協力してもらうことで、問題を解決することもできるでしょう。

ローンの金利が上昇するリスクも考えられるでしょう。

しかしたとえば、金利が上昇しても大丈夫な範囲で物件を選んだり、固定金利にしたりすることで、こうしたリスクでさえ軽減することができます。

また、火災や地震のリスクについては、保険に入っておけばよいのです。

こうしてできるだけリスクを抑えることができれば、コツコツと安定した収入が得られる不動産投資は、リタイア後の収入にもふさわしいと言えるでしょう。

第2章

不動産投資は、最初の1軒が一番大切

不動産は計画通りにできる安全な投資先

不動産投資というと、ほかの多くの投資と同じような「マネーゲーム」だと考える人が少なくありません。

しかし、不動産投資は、瞬間的な需給のバランスを見ながら売買を繰り返す、株のデイトレードなどとは違います。

確かに、不動産投資でも、格安物件を購入し、右から左に売りさばいて利益を得る場合もあります。

しかし、それはかなり稀なケース。

通常は、キャピタルゲインを見据えながら、インカムゲインをしっかり確保していくものです。

不動産投資は、本来、ほぼ計画通りにできる安全な投資の一つなのです。

不動産が、安全な投資先の一つだと言える最大の理由が、考えられるリスクのほとんどは事前に備えることができるということです。

最大のリスクだと言われる空室でさえ、購入前に需要がある立地を選ぶこと、そして、レントロール（貸借条件一覧表）を確認したり、実際に物件を見に行ったりして、利回りをアップするための一時的な入居を見抜くことができれば、買ってから大きな問題になることはないはずです。

入居者需要の減少は、「去年は満室だったのに、今年は1室も埋まらない」など、急激に起こることではありません。何年もかけて減っていきますから、その間に対処することができるでしょう。

将来的な家賃の下落についても、建物が経年により古くなり、家賃が下がるのはどの物件でも起こることです。つまり、家賃下落を織り込んだ収支計算で余裕があるものを買えばいいのです。

また、地震や台風、火事などの災害については、損害保険でカバーすることが考えられます。

金利の上昇は、予測しにくいリスクではありますが、経済状況を見ながら、今の金利が上がっても収支が回る物件を買うことで、ある程度は備えることができるはずです。

社会や経済の状況が不動産にまで影響を与える速度は、非常にゆっくりです。

たとえば、リーマンショックなどが起こると、株やＦＸなどは瞬時に値を下げることも珍しくありません。

ところが、不動産投資では、物件の家賃相場などが、１週間で30％も下がるなどということはありません。

数年かけて、じわじわと下落が進むため、もし何か起きたときでも、十分に対処する時間があるのです。

また、会社が倒産したらその会社の株の価値がなくなってしまうような、物件の価格がゼロになることもありません。

不動産投資は、設備の維持にお金がかかり、突然、大きな出費が必要になると考える人もいます。

しかし、マンションやアパートなどの設備は、よほどのことがない限り、何年後にダメになるのか、だいたい予測がつきます。

たとえば、外壁の塗装であれば、塗料によって5～20年くらい。受水槽であれば、15～20年と考えておけばいいでしょう。

大規模な設備の交換などの大きな出費は、災害以外では、ほとんど準備しておけるものです。

5年後、10年後の、長期的な収支計画をしっかり立てることができるのが、不動産投資なのです。

不動産投資で大切なのは戦略

不動産投資は、安全な投資の一つです。

ただし、だからといって「買えばどうにかなるだろう」と準備もせずに手に入れて、そのあと、どうにもならなくなってしまう人も少なからず見かけます。

不動産投資で成功するためには、よい物件を見つけることや上手に運営することなどももちろん大切です。

でも、実は、買う前に、あなたが何を目的にしているかを明確にし、それにあった戦略を立てることが、とても重要なのです。

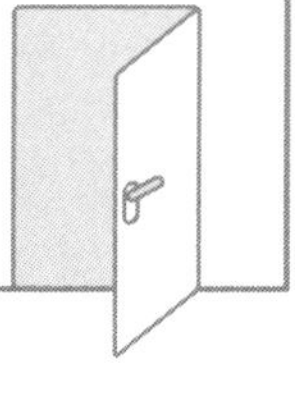

たとえば、目的が「節税対策」であれば、5年以内の短期で考えるのが現実的です。

物件が、法定耐用年数を経過した場合の償却期間は、

法定耐用年数×20%

で算出されます。

木造アパートの場合、耐用年数が22年ですから、

22年×20%＝4・4年

つまり、法定耐用年数が過ぎた、築古の木造アパートは、4年でいっきに減価償却することができるため、節税対策に有効なわけです。

「相続税対策」であれば、その人の状況によって変わりますが、また別の方法が

ふさわしいでしょう。

現金や預金、株式などの相続財産は、すべて時価評価されるため、ほぼ全額が相続財産となって課税の対象になります。

ところが、たとえば、賃貸物件に不動産投資をすると、土地や建物の評価額は、購入時より低く評価されます。

仮に2億円で投資した物件が1億円の相続評価になったとしましょう。価値が低くなった分、相続税の節税になります。

とはいえ、もし物件の評価額が大幅に下落し、1億円を下回るようだと、節税効果よりも損失の方が大きくなってしまいます。

そのため、5年、10年と、中長期的な視点で物件を選ぶことが必要になるのです。


多くの人が目指す「資産形成」が目的の場合も、いつまでに、毎月いくらのキャッシュフローを得たいかは人によって違います。

毎月10万円のキャッシュフローが欲しいという人もいれば、5年以内にリタイアしたいから、今の年収と同じくらいのインカムゲイン（安定的・継続的に受け取れる現金収入）が欲しいという人もいるでしょう。

それぞれの目的に向かって、ベストな戦略を立てることが大切なのです。

収益物件を買うときは最初の1軒が一番大切

不動産投資の戦略では、最初に購入する1軒目がとても大切です。

ここで一つ、例をあげてみましょう。

仮に、年収1000万円で、手持ちの資金が700万円ある人がいるとします。この人が、諸経費だけ現金で支払い、あとはローンで物件を購入したとします。

＊ローン金利は1・5%、30年ローンと想定。わかりやすくするために、諸経費などは除き、常に満室の場合とします。

●1000万円の区分ワンルームを買った場合

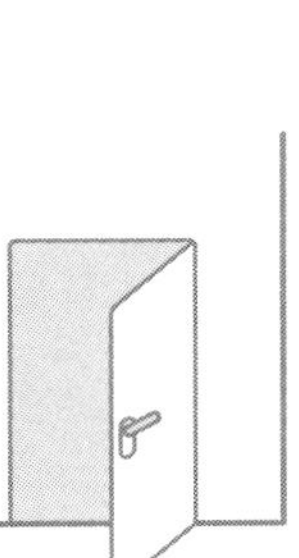

（諸経費　70万円　↓　残り６３０万円）

表面利回り　10％

年間家賃収入　１００万円

ローン支払い　約41万円（キャッシュフロー　59万円）

●１億円の１棟マンションを買った場合

（諸経費　７００万円　↓　残り０円）

表面利回り　10％

年間家賃収入　１０００万円

ローン支払い　約４１０万円（キャッシュフロー　５９０万円）

１０００万円の区分ワンルームを買った場合、５年後に手元に残る金額は、そもそもの手持ちの資金の残り６３０万円と、
59万円×５＝２９５万円
で、合計９２５万円です。

一方で、1億円の1棟マンションを買った場合、そもそもの手持ちの資金の残りは0円ですが、5年後では、

590万円×5＝2950万円

となり、2950万円が残り、区分ワンルームを買ったときと比べ、3倍以上の金額を手にすることができます。

手元に残る現金の金額だけではありません。

1億円の1棟マンションを購入した場合、5年間で、家賃収入からローンを、元金で2000万円以上返済しています。

この分とキャッシュフローで手にした2950万円を元手にして、2～3億円のマンションを2棟目に購入することもできるでしょう。

1000万円の区分ワンルームを買った場合は、たとえ残る925万円を元手にしても、手に入れることができるのは、1億円程度の物件です。

つまり、この時点で、総資産が3億円以上になるか、1億1000万円にとどまるか、大きな差がついてしまうのです。

また、この場合は、満室を想定して計算していますが、1軒目で、入居率が悪かったり、建ぺい率がオーバーしていたりする物件など、銀行評価が出にくい物件を購入してしまうと、2軒目の融資が受けづらくなります。

もしもあなたが、たとえば、5年以内、10年以内に本気で資産を築きたいと考えているのであれば、最初の物件選びがいかに重要かがわかるはずです。

借金を恐れないで戦略の一部と考える

不動産投資は多くの場合、銀行でローンを組んで行います。

このときに借りる金額は、一般的な常識で考えると、桁違いに大きな金額でしょう。

そのため、なかには「できるだけ頭金を多く入れよう」「繰上げ返済をして早く返そう」と、考える人もいます。

しかし、収益物件の購入は、自分の住む家を買うのとは違います。

住宅ローンの返済の場合は、頭金を多く入れたり、繰上げ返済をしたりすることで毎月のローンの支払い金額が下がり、生活に余裕が生まれます。

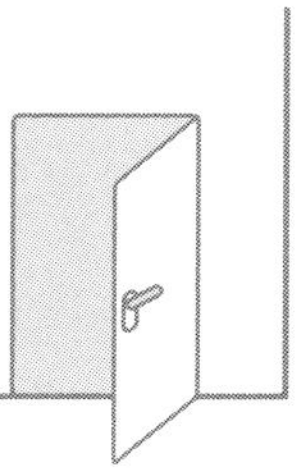

一方で、投資として不動産を買う場合はどうでしょうか。

一つ、例をあげてみましょう。

５０００万円の物件を購入しようと思ったとき、フルローンを組んで諸経費だけ現金で支払うのと、頭金を１０００万円入れた場合を比較してみましょう。

諸経費の金額は７％と考えると３５０万円です。

つまり、最初に３５０万円だけ現金で払った場合と、１０００万円の頭金に加えて３５０万円の諸経費、つまり１３５０万円を現金で払った場合を比べます。

物件の利回りが10％だとすると、年間の家賃収入は５００万円になります。

ここでは、単純に比べるために、税金や空室などは想定しないことにします。

５０００万円を１・５％の金利で、30年ローンで借りると、年間の返済額は、

フルローンの場合〜およそ２００万円（キャッシュフロー　３００万円）

頭金を入れた場合～およそ150万円（キャッシュフロー　350万円）

となり、確かに、頭金を入れたほうが月々の返済額は少なくなり、キャッシュフローは多くなります。

ところが、頭金ゼロの場合、最初に支払った350万円をわずか1年数ヵ月で回収できるのに比べ、頭金を1000万円入れると、1350万円を回収するのに、およそ4年近くもかかってしまうのです。

約1年で自己資金が回収できれば、次々と物件を買い増すことができるはずです。

投資を考えた場合、頭金を1000万円入れてしまうと、効率がぐんと下がるのがおわかりいただけるでしょうか。

私は、借金を恐れる必要はないと考えています。

むしろ借金は戦略の一部なのです。

ただし、これは低金利で資金を調達できる場合に言えることです。

もし、金利が上昇し始めたら、繰上げ返済をして、借入金を減らすことが有効な場合も少なくありません。

3年以内に年収と同じくらいの不労所得を手に入れる方法がある

あなたが今手にしている「お給料と同じくらいの不労所得」と聞くと、

「そんなに簡単にできるのかな」

「特別な人だけでしょう」

と考える人がほとんどです。


でも、ほんとうに多くのお客さんが、3年どころか、始めてすぐにこの数字を達成しています。

いくつか例をあげてみましょう。

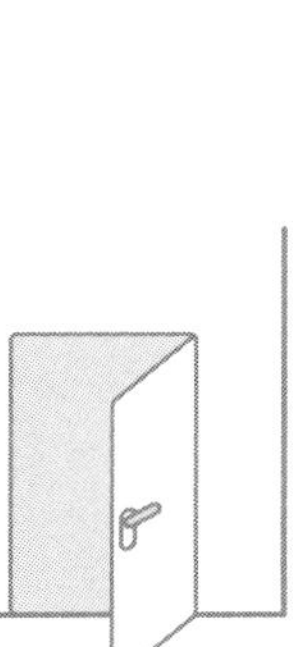

●40代前半　大手電機会社に勤める男性（年収約1000万円）

・1棟目
自分の出身である、東海地方の都市で1億円のマンションを1棟購入。
（単身者向け20戸）
キャッシュフロー　年間250万円

・2棟目
千葉県で、2億4000万円のマンションを1棟購入。
（ファミリータイプの2LDK18戸）
キャッシュフロー　年間450万円

・3棟目
東京23区で、1億円のマンションを1棟購入。
（単身者向け8戸）
キャッシュフロー　年間150万円

⬇　合計年間キャッシュフロー　850万円

●30代後半　外資系投資会社に勤める女性（年収約1500万円）

・1棟目
近畿圏で、8000万円のマンションを1棟購入。
（単身者向け15戸）
キャッシュフロー　年間200万円

・2棟目
千葉県で、4億円のマンションを1棟購入。
（単身者向け50戸）
キャッシュフロー　年間850万円

・3棟目
神奈川県で、1億2000万円のマンションを1棟購入。
（単身者向け9戸）
キャッシュフロー　年間200万円

・4棟目

大阪で、9000万円のマンションを1棟購入。
（単身者向け15戸）
キャッシュフロー　年間180万円

⬇ **合計年間キャッシュフロー　1430万円**

どんな構造で、どこにあり、築年数は何年か。また、最初に融資を打診するのはどの銀行か、などのあらゆる要素を、戦略的に積み上げていけば、ここにあげた人たちのように、キャッシュフローを得ることは、あなたでも可能なのです。

1軒目は個人融資？ それとも法人融資？ どっちがいいか

不動産投資では、目的を明確にし、しっかりとした戦略を立てることが大切です。

そして、目的に最短で、もっとも効率的に到達できるようにするには、最初の1軒を購入するときに、個人で買うか、法人で買うかも重要なポイントです。

では、1軒目は、個人がいいのか、法人がいいのか。

実は、それはその人のケースによりさまざまです。

たとえば、ある40代の男性は、家族に生命保険代わりに収益物件を残したいと

考えたため、個人で購入しました。

個人で不動産投資を行い、銀行から融資を受けるときには、団体信用生命保険（団信）の加入が義務付けられています。

団体信用生命保険とは、ローンを組んだ契約者が死亡、または高度障害になったとき、保険会社が残債に相当する保険金を、1件につき最大1億円まで支払ってくれる仕組みのことを言います。

つまり、購入した物件が1億円以下であれば、契約者に万が一のことがあっても、残された家族には、ローンの返済が完了した不動産がそのまま残ります。物件を持ち続ければ、ローンを返す必要のない毎月の家賃収入を手にすることができますし、売却することにしたとしても、まとまった金額を得ることができるのです。

※ただし、1億円以上の規模の大きい物件の場合も、団信に複数加入し、全額保険で払ってもらえるようにすることもできなくはありません。

ちなみに、法人に対しては「亡くなる」ことがないため、団信は適用されません。

また、所得が高いサラリーマンの場合、税率がかなり高くなります。課税所得が９００万円を超えると約33％、１８００万円を超えると40％にもなります。

この場合は、家賃収入を減価償却費が上回る物件であれば、本業のサラリーマンでの収入と合算して、所得を低くすることができますから、個人で買うことにより、数年間は節税の効果があると言えるでしょう。

また、買い増しをする場合も、上手に節税できるタイミングがありますので、見極めてもらうことも少なくありません。

一方で、法人は課税所得が増えても、基本税率は変わりません。

また、課税所得が８００万円以下の中小法人であれば、15％の軽減税率が適用されますので、最初に購入するのがアパート１棟などの規模であれば、個人の収入によっては法人を選ぶほうがよいでしょう。

９割の営業マンは「お勧め物件」を自分では買わない

私は、自分自身でもアパートを２棟所有しています。

ところが、ほとんどの不動産営業マンは、自分で収益物件を買ったことがありません。実は、不動産の営業マンは、売ることについてはプロフェッショナルですが、運用のプロとは言い難い人が少なくありません。

試しに、物件を勧められたら、

「あなただったら、この物件を買いますか」

と聞いてみてください。

９割の営業マンは、言葉に詰まってしまうはずです。

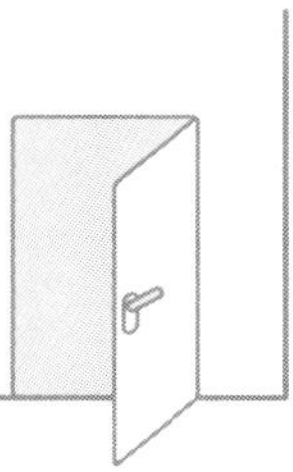

また、なんでもかんでも、

「いいですよ」

と、勧める営業マンもなかにはいます。

あなたがもし、こう言われたら、「何がいいのか」「どうしていいのか」を、しっかり確認してください。

不動産投資で重要なのは、戦略です。

あなたの目的にあっていて「いい」ものを選ばなくてはなりません。


自分が住むためのマイホームであれば、購入した時点で夢はほぼ達成されます。

あとは、手に入れた家での暮らしを充実させるだけでしょう。

しかし、不動産投資は、買ってからも、空室対策やリフォーム、税務など、まだまだ、考えなければならないことがたくさんあります。

不動産運用の知識があり、きちんとアフターフォローをしてくれる営業マンを選びましょう。

インターネットは優良物件の割合が少ない!?

よく、「インターネットで出回っている物件は売れ残りばかり」と言われることがあります。

確かに、インターネットに掲載されている物件のなかに、よい物件が混ざっている確率は低いと言わざるを得ません。

なぜなら、優良な情報の多くは未公開で取引されているからです。

実際、私たちの会社でも、お客さんの戦略にぴったりの物件を紹介しようとすると、必然的に未公開物件が9割を占めます。

なぜ、インターネットに掲載されている物件には優良なものが少ないのでしょ

う。

それは、インターネットに物件情報を載せると、多くの人の目に止まる可能性が高くなるからです。

これは一見すると、購入希望者が増えてよいことのように思えます。しかし、反響が大きい反面、不動産会社は、その物件の対応にかかりきりになってしまうことが避けられないのです。

しかも、インターネットを見て、初めて問い合わせをしてくる人たちは、ほんとうに買う気があるのか、資金調達のメドがあるのかどうかもわからないのです。

そうした煩雑さを避けるために、不動産会社はよい物件ほど、ふさわしいお客さんに優先的に紹介する傾向が高いと言えるでしょう。

ただし、インターネットの物件すべての質が悪いわけではありません。

たとえば、長く売れ残っているものがあったとすれば、売主は「値引きしてもいいからすぐに売りたい」と思っているかもしれません。

そこで、交渉すれば、もしかしたら破格の値段を引き出すことができ、よい物件になり得ることもあるのです。

自分の戦略にあった1軒目を手に入れるためには、インターネットの物件情報と並行して、親身になってくれる営業マン、そして優良な情報を提供してくれる不動産会社を選ぶことがカギとなります。

第3章

アパートとマンション、どっちを選べばいいのか?

サラリーマンにとっての
ほんとうに「いい物件」とは？

不動産投資の対象となる物件には、いくつか種類があります。
建物の大きさでは、1部屋のワンルームマンションや1棟マンション。
構造の違いでは、木造アパートや鉄筋コンクリートのマンション。
また、都心と地方や、駅近と郊外など、立地の違いもあります。

それぞれに特徴があり、また、一人一人、不動産投資に求めるものが異なりますので、「いい物件」の定義は一つではありません。
ただ、言えるのは、サラリーマンが不動産投資をする場合、投資規模が小さいものや自分でリフォームすることが前提のものは手間がかかり、本業に影響を及

ぼす可能性があるためお勧めできません。

特に、ワンルームマンションの投資は、

・自己資金が数百万円から購入できる
・新築なら入居者を見つけやすい

というメリットがある反面、

・1室のみの保有だと空室になると収入がゼロになる
・修繕積立金や管理費の負担が大きい
・共有部分や外観に手を加えることができない

などのデメリットもあります。

月々の管理費と修繕積立金は、全国平均でそれぞれ1㎡あたり、およそ200円だと言われています。

つまり、たとえば、25㎡のワンルームだとすると、毎月1万円は管理費と修繕積立金にかかるわけです。

家賃収入が6万円だとして、そこからローンを返済し、さらに管理費と修繕積立金を払うと、月々のキャッシュフローはわずか数万円にしかなりません。

せっかく数百万円以上のお金を使って不動産投資を始めても、非常に効率が悪いものになってしまうのです。

ですから、私たちは、中古で割安なものが見つかったときなどの例外を除き、基本的にワンルームマンションの投資はお勧めしていません。

ワンルームマンション以外で、「どっちがいいか」「どう選べばいいか」と迷うとき、これからご紹介する例を参考にしてみてください。

同じサラリーマンでも、ライフプランやゴールが違うと、不動産投資に求めるものが変わります。

私たちのところに物件の紹介を依頼されたお客さんが、希望を叶えるために、どんな物件を選んだか実例でご紹介しましょう。

＊基本的にフルローンを組んでいますが、そうでない場合は頭金の額を記載しています。

★アパートとマンション

●1棟アパート購入……32歳（女性）

要望：1億円以下で、空室リスクを軽減するために、戸数が多い物件がいい。
選んだ物件：1棟アパート（17部屋）、6600万円。ローン金利3％。
キャッシュフロー：年間130万円。

＊戸数が多いアパートは、都内より地方が見つけやすい。サッカーが好きで、静岡県の磐田市によく遊びに行っていたため、馴染みのある磐田市で購入。

●**1棟マンション購入……39歳（男性）**

要望：レバレッジを最大限に効かせて、大きな物件が欲しい。

選んだ物件：1棟マンション（26部屋）、4億8000万円。ローン金利1・5％。キャッシュで頭金1000万円。

キャッシュフロー：年間1000万円。

＊40歳までに独立したいと考えており、サラリーマンのうちに借りられるだけ借りて備えたいと思っていた。

★都心と地方

●**都心（江戸川区）で購入……43歳（女性）**

要望：地方より、23区内で、自分の目がとどくところ。

選んだ物件：1棟マンション（10部屋）、1億3000万円。ローン金利1・3％。

キャッシュフロー：年間200万円。

＊長年、自分が住んでいる江戸川区は便利だし人気も高いので、そこで欲しかった。

●地方（水戸市）で購入……30歳（男性）

要望：結婚して家庭を持ったので、キャッシュフローが欲しい。

選んだ物件：1棟マンション（14部屋）、1億6500万円。ローン金利2％。

キャッシュフロー：年間450万円。

＊子供が2人欲しいので、教育費などを考え、とにかくキャッシュフローを重視。

★駅近と郊外

●駅近（北池袋）で購入……45歳（男性）

要望：収益性よりも、将来のために資産価値があるものが欲しい。

選んだ物件：北池袋駅から徒歩で4分の、1棟マンション（10部屋）、1億2

500万円。ローン金利2%。

キャッシュフロー：年間170万円。

＊一度購入したら、ずっと持ち続けられて、価値が目減りしない物件が欲しかった。

● **郊外で購入……28歳（男性）**

要望：単身者用は入退去が激しいので、ファミリー用物件が欲しい。

選んだ物件：ターミナル駅からバスで30分の1棟マンション（9部屋）、800万円。ローン金利1・2%。

キャッシュフロー：年間180万円。

＊できるだけ不動産投資のことは管理会社に任せたいので、長く入ってくれるファミリー用の物件を選んだ。

★新築と中古

●新築を購入……31歳（男性）

要望：初めて購入するので、できるだけリスクの少ない物件が欲しい。
選んだ物件：新築1棟マンション（14部屋）、1億7000万円。ローン金利1％。
キャッシュフロー：年間300万円。
＊手持ち資金が少ないので、修繕費などの大きな出費の可能性が少ない新築を購入。

●中古を購入……38歳（男性）

要望：どうせ不動産投資をするのであれば、多少のリスクがあってもリターンが大きい物件を希望。
選んだ物件：中古1棟マンション（24部屋）、2億円。ローン金利2％。
キャッシュフロー：年間450万円。
＊株や債券なども持ち、投資に慣れていた。ある程度のリスクはあっても、リターンがある物件を購入。

第4章

3000棟の物件を調査したプロが教える目利きの法則

とにかくキャッシュフローにこだわる

いよいよ本気で不動産投資を始めようと決意した。

そんなとき、ほとんどの人が、まずはインターネットで物件を探し始めるはずです。

第3章でご紹介したように、収益物件の選び方は人によってさまざまです。

しかし、サラリーマンが不動産投資に取り組むのであれば、物件を決めるときに絶対に外せない条件が、キャッシュフローです。

不動産投資でのキャッシュフローとは、家賃収入からローンの返済額と必要経費を引いたものです。

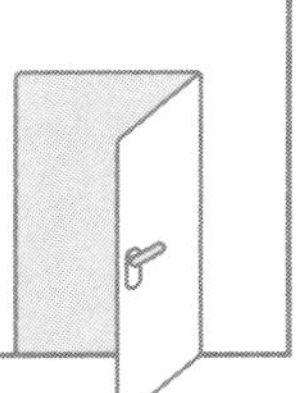

これがマイナスだと、家賃でローンが払えないことを意味します。

つまり、会社でもらう給料からマイナス分を補填しなければならなくなり、投資をする意味がなくなってしまいます。

キャッシュフローがあることで、資本を積み重ね、投資をより有利に展開していくことができるのです。

キャッシュフローを出すことだけは、どこまでもこだわってください。

キャッシュフローに関する例を一つあげましょう。

一般的に銀行は、建物の耐用年数のなかでしかローンを組みません。

そこで、耐用年数の残りが少ない物件は考慮に入れない、という人も少なくありません。

しかし、条件などにより耐用年数を超えてローンが組めることがあります。

たとえば、築30年の中古ＲＣ（鉄筋コンクリート）マンションがあるとします。

ＲＣの法的耐用年数は47年ですから、残りはあと17年しかありません。

融資期間が17年だと、返済額が高くなり、得られるキャッシュフローがとても少なくなります。

しかし、ここでもし、35年のローンが組めるとしたらどうなるか？

数字を見てみましょう。


実際にあった例で、お話しします。

都内で2億５５００万円の物件がありました。

家賃収入が年間１８２８万円でしたが、耐用年数の17年の融資だと、金利が２％で、年間１７７０万円返済しなければなりません。

これだと、ほとんどキャッシュフローが望めないばかりか、空室や修繕など、なにかあったら、たちどころにマイナスになってしまいます。

ところが、35年のローンになれば、年間の返済額が１０１３万円になり、８１５万円のキャッシュフローが残ります。

融資期間を延ばすことで、年間の返済額が減り、もしものときにも備えられるようになるのです。

このように、キャッシュフローを得るための物件選びは、さまざまな角度から検討したほうがいいと言えるでしょう。

キャッシュフローは、満室想定利回りの8割で計算する

キャッシュフローを計算するときは、満室想定利回りで算出しないことが大切です。

たとえ、超人気の物件で、いつも入居者が途切れなくても、賃貸である限り、入退去が繰り返されます。

住んでいた人が出て行けば、原状回復の費用はもちろん、次の入居者を探してもらうときの仲介手数料や広告費がかかります。

最終的に満室だったとしても、計算上の収入よりは、必ず低くなるのです。

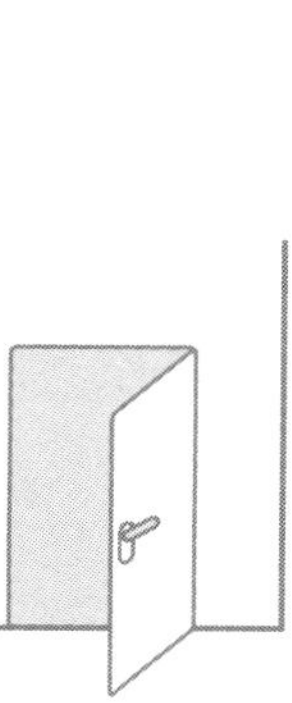

では、いったいどうやって、キャッシュフローを想定するのかというと、私は目安として、満室想定利回りの８割で計算すればよいと考えます。

つまり、５０００万円で利回りが10％の物件であれば、

５０００万円×10％＝５００万円
ではなく、
５０００万円×８％＝４００万円
で考えるのです。

ちなみに、首都圏の物件であれば、満室想定利回りの85％くらいで考えても大丈夫です。

そして、もう一つ大切なのが、物件のランニングコストも、価格の最低１割はかかると考えておくことです。

ときどき、どのくらいの維持費がかかるのか教えてもらわず、

「そんなにかからないですよ」

という曖昧な回答を鵜呑《うの》みにしている人がいます。

しかし、もし、建物にエレベーターがついていれば、電気代とメンテナンスコストで毎月4~5万の維持費がかかります。

ときには、インターネットの回線費用が大家さん負担になっていることを「後から知った」という人もいるのです。

入るお金ばかりでなく出るお金も考える

ここで、物件のランニングコストについて、なぜ1割を想定しておくのか、もう少し詳しく考えてみましょう。

収益物件のランニングコストは、大きく次の3つに分かれます。

①固定資産税
②管理・修繕費
③税金

固定資産税は、収益があるなしにかかわらず、毎年発生します。

そして、税金は、総収入から諸経費を除いた金額に課税されます。

この2つは、税率が決まっていますので、だいたい想定できるはずですから、ここでは、管理・修繕費についてお話ししましょう。

多くの人は、管理・修繕費というと、共用部分の電気、水道代を考えます。

しかし、管理費とはそれだけではありません。

日常的な清掃は、最低でも月に2回は行わなければ、外観をいい状態に維持できません。

また、たとえば、受水槽がある物件であれば、定期的に清掃して水質検査をしなければなりません。これが、年に1回、5~10万円はかかります。

下水道が整備されておらず、汚れた水を処理するための浄化槽が設置されている物件であれば、浄化槽の清掃にも10万円は必要です。

4階以上の建物で、高層階の給水に必要な増圧ポンプの設置、交換などが発生すると、形状によりますが、数十万円は覚悟しなければなりません。

さらに、年に1回、消火器を取り替えたり、火災報知器の検査をしたりするにも、規模によりますが、最低５～10万円はかかると考えたほうがいいでしょう。

そのほかにも、地域独特の管理費がかかることがあります。

たとえば、豪雪地帯で駐車場にロードヒーティングをつけるのであれば、方式にもよりますが、毎月10～数十万円必要なこともあるのです。


こうした、あまり知られていないコストも考えると、１割を考えておかないと、手残り額が少なくなって慌てることにもなりかねません。

利回りばかりに目を奪われず、入ってくるお金だけでなく、出て行くお金についても、気をくばるようにしましょう。

ただし、ランニングコストは、工夫次第で圧縮可能でもあります。

ランニングコストが２割を超える物件は、多すぎると考え、どうにかなるか検討することで、キャッシュフローを増やすことにつながります。

実際に私が、物件のランニングコストは適正か、必ずチェックし、見直しをしたら、数百万円のキャッシュフローが増えたお客さんもおられるのです。

レントロールは必ずチェックする

先の方法でキャッシュフローを考えると、入居が7割を下回る物件だと赤字になることがわかります。

ところが、実際は空室があっても、販売図面の利回りは、満室を想定したもので計算されているのです。

そのため、購入を検討している物件の実態を知るために、必ず仲介会社からレントロールをもらってチェックしてください。

レントロールとは、貸借条件一覧表のことで、賃料、敷金、入居年月日、入居者の属性などがわかります。

ここで見極めなければならないのは、まず、賃料のばらつきです。

階数や部屋の広さが同じなのに、新しい入居者の賃料が下がっているときは、古い入居者が退去して入れ替わるときに、家賃が下がる可能性を示しています。

また、ケーブルテレビやインターネットの代金、水道料などが大家さんの負担で、入居者からもらっていない場合、家賃から割り引いて収支計算する必要があります。

長く入居している人が多い場合、退去したときの原状回復費用も考えておかなければなりません。

入居者が、同一法人などによる、一括借り上げなどではないかも確認するべきでしょう。社員寮として利用している場合、いっせいに退去されると家賃がゼロになることも考えられます。

直近に入居が集中しているときも、注意したほうがよいでしょう。売主が有利な条件で売却したいと、知り合いを入居させたり、ほんとうは空室なのに偽装していたりする可能性があるからです。

レントロールで見極められない重要なポイントとは？

キャッシュフローを計算し、レントロールも取り寄せた。

さあ、ここで、レントロールでは読み取れない重要なポイントが一つあります。

それは、建物の修繕履歴です。

修繕費で金額がかさむ代表的なものは、外壁の塗装と屋上の防水です。

もし、水漏れを伴い、全面的に実施しなければならない場合、間違いなく数百万以上、物件の規模によっては１０００万円以上かかります。

また、配管、受水槽など、水まわりの不具合も、築20年以上の物件では発生する可能性が高く、最低でも数万円、多いと数十万円の出費を伴います。

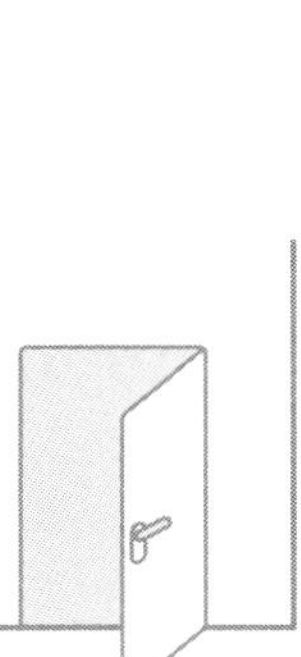

実は、利回りが高い物件には、定期的な修繕が施されていないものが少なくありません。

売主さんが「修繕費用が払えないから売りたい」という場合もあるのです。

どれだけ立派な建物でも、築10年以上になれば、どこかしらに不具合が生じてきます。

きちんと修繕がなされていない場合は、どれだけ利回りが高くても、結果的にキャッシュフローが大幅に少なくなることが多いもの。

修繕履歴は、仲介会社、または売主さんに直接請求して、必ず確認しましょう。

自主管理、オーナーさんが使用していた部屋は要注意

購入を検討している物件が、管理会社を使っているか、それともオーナーさんが自主管理しているかも、大きなチェックポイントです。

なぜなら、自主管理だと、管理費の運用がしっかりとできず、適切な維持、管理や大規模修繕がなされないまま、物件の資産価値が低くなっていることが多いからです。

オーナーさんが費用を節約しようとして、設備のメンテナンスを自分でやることが多い物件だと、修繕した記録が残っていないこともよくあります。

また、家賃の滞納者の対応がおろそかになりがちで、決まった日にちにもらえ

ていないというケースもあります。

さらに、オーナーさんが自分でいくつもの部屋を使っていた場合も、注意が必要です。

以前に、オーナーさんが４つ部屋を使っていた物件がありました。

１つめは、自分で住むため、２つめは親戚が住み、３つめは物置として使っていました。

そして４つめの部屋も「物置にしている」と言うのですが、どうも、様子がおかしい。そこで、部屋を見せてもらうことにしたら、なんと「ペット専用」の部屋にしていたのです。

何年も動物が住んでいた部屋は、一般的なクリーニングでは臭いを除去することができません。

壁の石膏ボードを全部壊し、洗浄するとしたら、莫大な費用がかかります。

それなのに、リフォーム費用が物件価格に含まれていたら、利回りが大きく変わってしまいます。

近年では、自主管理の物件は減少しているとはいえ、気をつけたほうがいいでしょう。

ちなみにこの物件のケースでは、事前にわかったため、引渡し日を遅らせて、オーナーさんの負担で工事を行っていただきました。

現地調査は入居者目線でチェックする

さて、いよいよ、現地に行って物件を見ることになりました。

そのときに、必ず意識して欲しいのが「自分だったら、ここに住みたいか」どうかです。

あなたが「同じ家賃を払うなら、ここじゃないところがいい」と感じるのであれば、その物件に対して、多くの人が同じように思うはずです。

細かいチェックポイントも、優良な物件を手に入れるためには重要ですが、まずは、根本的に「自分が借りる立場だったら？」ということを考えてみましょう。

そうすれば「駅から遠いと面倒くさい」「近くにコンビニがないと不便」など、気をつけるべき点がいくつも見つかるはずです。

現地に着くまでには、ほかにも、「駅に着いたとき、商店街のお店がほとんど閉まっている」「急な坂道があって歩きづらい」なども気になるはずです。

多くの入居者が近くに欲しいと思う施設には、深夜まで営業しているスーパー、薬局、銀行ＡＴＭ、郵便局、病院などがありますから、こうした生活する上でのインフラが整っているかも確認しましょう。

また、現地には日中だけでなく、夜も行ってみることをお勧めします。街灯が少なくて寂しかったり、反対に飲み屋が多くて遅くまでうるさかったりすることも、昼ではわからないでしょう。

目当ての物件に着いたら、まずは、

・集合ポストにチラシが散乱していないか。
・自転車置き場は汚れていないか。
・照明は暗すぎないか。

など、メンテナンスの状況をチェックします。

そして、外からしか見えないものを重点的に確認しましょう。

「南向き」だから、日当たりがいいかと思っていたのに、目の前に高い建物があり、薄暗いこともあるかもしれません。

落ち着いた土地柄のはずが、出入り口の向かい側の建物に芸能事務所が入っていて、夜遅くまで人が階段で話をしていたというのは、実際にあったことです。

集合ポストと電気メーターで偽装入居を見分ける

物件まわりの環境だけではありません。

そのエリアに建つ、同様の条件の、ほかの物件もチェックしてください。

まず、気にすべきは、半径500メートル以内の物件に、どれくらい入居しているかということ。

8割程度入居しているエリアであれば、需要がある上で、供給過多ではないと考えられます。

入居しているかどうかは、中に入らなくてもわかります。

カーテンがかかっておらず、家具も見えなければ空室は間違いありません。

ベランダに洗濯物が干してあれば、実際にそこで暮らしているでしょう。

集合ポストのチラシが整理されていない部屋は、空室の可能性が高くなります。

また、電気メーターをチェックして、きちんと回っていれば、部屋に住んでいるはずです。

これは、夜に見に行くと、わかりやすいかもしれません。


こうした、ほんとうに住んでいるかどうかを調べるテクニックは、自分が買おうとしている物件の、名義貸し入居を見分けるためにも役立ちます。

賃貸物件は、新築や築浅の物件から埋まるのが一般的です。

そのため、あなたが「買おう」と考えている地域で、新築や築浅の物件に空室が目立つ場合、そのエリアの入居需要はそれほど高くないと考えられます。

それなのに、あなたがこれから購入しようとしている物件だけが、満室に近い状態であれば、それは、何かしらの問題があると考えたほうがいいのです。

先ほどレントロールを見て、直近に入居が集中しているようだと、利回りをよく見せるための、名義貸し入居の可能性が高いとお話ししました。

しかし、たとえ、レントロールを見た段階では、偽装入居が見抜けなくても、実際に現地に来てみて、注意深くほかの物件もチェックすることで、見極めることができるのです。

管理会社に自分の物件と近い内容を問い合わせてみる

購入を考えているエリアを歩き、入居状況を確認したところ、どうやら6～7割の入居率のようだ。

やめたほうがいいと思うほど悪くはないし、かといって、ここなら大丈夫という確信も持てない。


そんなとき、買おうとしている物件が、まわりとの競争に勝ち、入居してもらえるかどうかを判断する方法があります。

それは、同じ家賃レベルの物件を管理している会社に、電話で問い合わせをすることです。

たとえば、あなたが現地調査に来た物件の家賃が5万円だとします。

そうしたら、近隣で5万円の家賃の物件をチェックし、直接、電話をして、部屋の状態や条件を聞いてみるのです。

ライバル物件の多くが、収納がほとんどなく、洗濯機は屋外に設置、独立洗面台がないとしましょう。

そこで、あなたの買おうとしている物件には、クローゼットがあり、洗濯機を室内に置けるとしたら、ずいぶん有利なはずです。

室内の状況があまり変わらないとしても、ほかの物件の多くが、敷金を2ヵ月とっているのであれば、工夫次第で先んじることができるかもしれません。

ところが、ほかの物件とあなたの物件とほとんど差がないこともあるはずです。

そんなときは、「5000円安い部屋はないですか」と聞いてみましょう。

そして、5000円安い部屋は、どんな理由で安いのかを確認します。

広さや築年数もそう変わらず、明確な理由がないのに5000円安い部屋がある場合、必ず、すぐに、あなたの買おうとしている物件の家賃も、4万5000円に近づくはずです。

物件の賃料が適正かどうか測るためには、募集賃料よりも安い部屋と比較するとわかりやすいのです。

外からでもわかるのが給湯器の製造年月日

外観しか見られないときのチェックポイントはまだあります。

アパートやマンションを1棟買おうと考えているときは、給湯器の製造年月日を確認しましょう。

給湯器のように、すべての部屋の住人が必ず使う設備は、たいてい同じ時期に故障したり壊れたりします。

そのため、給湯器の寿命が近づいていると、購入してから全戸の給湯器をすべて交換しなければならない可能性が出てきます。

給湯器は、一般的に8～10年もすると不具合が出てきます。

そこで、もし給湯器が10年前に製造されたものであったら、残りの寿命がわずかだと考えられるのです。

給湯器の値段は、一つでおよそ10万円です。

20世帯が入居する建物であれば、すべて交換すると、作業費を除いても、最低200万円はかかります。

その金額を払ってでも、投資する価値があるのかどうかを、事前に判断したほうがよいのです。

給湯器以外にも、注意が必要なのが水道の配管です。

近年では、二重床にして配管が交換しやすくなっていたり、建物の外側に配置されていたりしますが、古い物件だと配管がコンクリートに埋まっている建物が少なくありません。

鉄筋コンクリートの構造自体は60年持つと言われていますが、設備の配管はそこまでは持ちません。

万が一、水漏れなどを起こしたら、修繕に莫大な費用がかかります。

さらに、配管がコンクリートに埋まっている建物は、配管の修理ができないため、配管の寿命が建物の寿命になってしまいます。

こうしたポイント以外にも、物件購入後に、予定外の大規模な修繕などが起こらないかどうか、外壁の様子や可能であれば屋上の防水なども、確認するようにしましょう。

宅建業法により、不動産業者から購入するのであれば、瑕疵《かし》担保責任が2年ありますが、一般の人が売主の場合、問題が見つかっても、責任を追及できませんから、こうした事前の確認がとても大切なのです。

第5章

建物を豪華につくっても賃料が高くなるわけではない

ローンを組む銀行は目的によって順番がある

収益物件を購入するときは、ほとんどの人が銀行から融資を受けます。

ただ、金融機関にはそれぞれ特徴があり、見合った物件を持ち込まないと、いつまでたってもローンが下りずに「気に入った物件があっても買えない」という事態が繰り返されてしまいます。

たとえば、一番融資の基準が厳しいメガバンクは、サラリーマンであれば、年収1000万円以上で、自己資金が数千万円ないと、審査の対象にもならないことがよくあります。

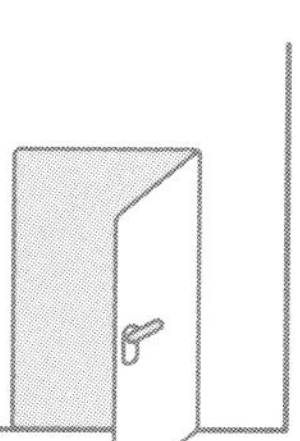

地方銀行は、スルガ銀行（本店は静岡県）のように、県外の人にも融資する銀行もありますが、多くは基本的に、融資申込みをする本人の居住地に、支店があることが求められます。

つまり、東京に住む人が札幌の物件を買おうとする場合、北海道に本店があり、さらに東京に支店がある銀行でないと難しいということです。

また、一般的には「借金の金額が多いほど、ネガティブな印象を与えて借りにくい」と考えられていますが、銀行によっては、投資未経験でお金を借りていない人より、たとえ残債があっても、経験があり、物件を持っている人を優先することもあるのです。

ローンを組む銀行は、こうしたさまざまな特徴を把握した上で、さらに、投資家の目的によって、順番を考えなければなりません。

たとえば、Aという銀行は、1棟目を購入するときに限り、年収の30倍まで融資が可能だとします。

次に、Ｂという銀行は、１棟目でも２棟目以降でも、限度額が年収の10倍だとしましょう。

この場合、１棟目にＢ銀行を使ってしまうと、２棟目を買うときにＡ銀行を使うのは難しくなります。

反対に、最初にＡ銀行でローンを組めば、２棟目はＢ銀行で借りることができるでしょう。

どんどん買い進めていきたい人にとっては、使う順番を間違うと命取りになりかねません。

ここでもまた、「戦略」が大切なのです。

建物を豪華につくっても賃料が高くなるわけではない

無事に融資を受けることができ、晴れて物件を手に入れたら、次に考えなければならないのが、効率のいい管理、運用です。

ときどき「自分の物件」という思い入れが強く、お金をかけてメンテナンスをする人がいます。

でも、不動産はあくまでもお金を稼ぐ手段です。

たとえば、フローリングの質をアップしても、入居者には大きな違いはわかり

ません。それだけで家賃を５０００円高くするのは難しいでしょう。
また、外観を清潔に維持することは、入居してもらうための大切な要素です。でも、高圧洗浄だけですむ汚れなのに、塗り替えたりしていては、どんどんコストがかさみ、キャッシュフローを圧迫してしまいます。
賃料に影響しないメンテナンスは、必要最低限にすると心がけましょう。

また、たとえ、和室を洋室にする、洗濯機置き場を室内に設置するなど、家賃のアップにつながる投資でも、かけたお金が何年で回収できるのか、必ず計算してください。

ランニングコストを、少しでも抑える工夫をすることで、利回りは改善します。特に、中古の物件を買ったときは、支払うお金、一つ一つを見直してみるべきです。

前のオーナーがやっていたことがすべてベストな選択だとは限りません。

たとえば、週に一度、定期的に清掃に来てもらっているとします。この契約が、１ヵ月５万円だとしたら、自治体のシルバー人材に変えるだけで、大幅なコストダウンになるはずです。

エレベーターのメンテナンスも、実は、必ず部品を交換しなければならないときと、ただ営業に来ているときがあります。

それをしっかりと見極め、部品交換が必要なときも、中古部品を使うなどの手段を選ぶこともできるのです。

工夫次第で利回りアップ

コストを抑えることに加え、積極的に利回りを上げる方法も考えてみましょう。

たとえば、自動販売機の設置です。

自動販売機は、よほど不便な場所でない限り、設置費用は業者さんが負担してくれます。

オーナーさんが払う費用は、月々の電気代のみ。それも、最近の省エネルギータイプの自販機であれば、1ヵ月2000~3000円程度です。

ドリンクの補充やお金の回収なども、すべてお任せできるので、よほど自販機が並んでいる地域でなければ、検討してもいいでしょう。

また、初期投資はかかりますが、そのほかの可能性として、トランクルーム、コインランドリー、太陽光発電をつけることも考えられます。

建物の1階が半地下の場合、家賃を下げて貸すよりも、トランクルームにしたほうが、電気代だけですみ、1～2年で初期費用を回収できることもあります。

共有部分が広ければ、コインランドリーも選択肢になるでしょう。

コインランドリーは、たとえ駅から離れた物件でも、まわりに住宅がありさえすれば、需要はあるはずです。

また、屋上や屋根の方角、傾きによっては、太陽光発電を取り入れるのもいいでしょう。

ただ、太陽光で発電した電気の買い取り価格は下落傾向にあります。

ご自身の物件のある地域の状況を確認してから、検討しましょう。

なぜ、事業主になるのが有利なのか？

サラリーマンは、勤めている会社が給与から税金を差し引いて支給しているため、自分で確定申告をする必要がありません。

しかし、不動産の家賃収入がある場合、自分の本業と合わせて税金の申告をしなければなりません。

これが実は、サラリーマンの投資家にとって、とても有利に働くのです。

サラリーマンの場合、給与所得控除以外には、ほとんど経費が認められていません。

会社から支払われる場合は別ですが、仕事につながるかもしれない人と食事を

したり、仕事に役立つ知識を仕入れるために勉強したりしても、基本的にその料金は給与の中から支払います。

ところが、不動産投資を始めると、投資に関係する多くの行動が経費として認められるようになります。

修繕積立金や管理費などはもちろん、損害保険料やローンの金利も経費になります。

それ以外にも、物件を見に行くときの交通費、不動産投資に関連する書籍代、管理会社との連絡をした通信費なども、経費として計上することができます。

そのため、東京に住んでいるのに、福岡や札幌など、自分が気に入っていて、しょっちゅう訪ねたい街に投資物件を購入する人もいるのです。

さらに、5棟、10室以上保有して「事業的規模」と認められれば、未回収の家賃や、火事や地震などで発生した損害も経費として計上することができるようになります。

サラリーマンが事業主になり、不動産投資で大幅な節税を実現した例があります。

大阪府に住む、保険会社に勤める40代の男性は、年収が1300万円。「税金が高くお金が貯まらないから節税したい」と相談に来られました。

私たちは、節税効果の高い、ある1棟マンションを勧めました。

すると、物件のキャッシュフローはプラスですが、そこから固定資産税、設備の修理費用、リフォーム代などの費用を引き、さらに、減価償却をし、事業性のある経費を引くと、不動産での所得がマイナスになります。

事業主の場合、不動産の所得がマイナスだと、赤字分をほかの所得から控除することができます。

つまり、通常であれば、会社でもらう給与から天引きされていた所得税が、還付されることになったのです。

また、このお客さんには、私立の高校に通うお子さんが二人いました。

大阪府では、所得が少ない家庭には、高校の授業料の補助が出ます。

そして、授業料80万円、二人分が無料になったのです。

つまり、節税物件を購入したことで、天引きされていた所得税、そして、高校の授業料、合わせて350万円くらいの利益を得ることができ、また、物件からのキャッシュフローを加えると、合計で560万円もの金額を取り戻すことができたのです。

※ただし、ここで気をつけなければならないのは、所得がマイナスでも何もしなかったら授業料は無料にはならないこと。制度を調べて申請しなければなりません。

成功する不動産投資のためには、物件選びももちろん大切です。

しかし、それに加え、こうしたアドバイスができる不動産会社としっかりタッグを組むのが、サラリーマン投資家の成功の秘訣の一つであると言えるでしょう。

サラリーマンはしっかりした管理会社を選ぶ

賃貸物件の管理はやるべきことが広範囲にわたります。

まず、入居者を募集するため、客付会社への依頼から始まり、毎月の家賃の回収があります。

滞納があれば督促しなければなりませんし、退去者が出れば、引っ越し時の立会いや清算もしなければなりません。

原状回復のための工事の手配も仕事の一つです。

消防設備やエレベーターのメンテナンス、建物の清掃や修繕なども、別々の業者に依頼しなければなりません。

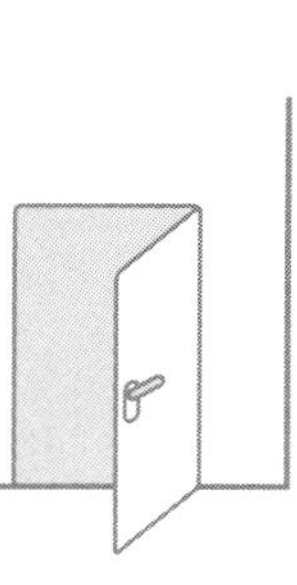

さらには、入居者からの問い合わせやクレーム、事故などが起きたときもすぐに対応しなければならないのです。

不動産投資のよい点は、こうした業務をすべて、管理会社にアウトソースできることです。

管理業務は、大きく「入居前の賃貸募集」と「入居後の管理」の2つに分かれます。

「賃貸募集」を得意とする管理会社であれば、入居付けが早く、空室のリスクが低くなります。

また「管理」に特化している会社は、トラブルの対応が早いばかりでなく、リフォームや修繕などに、自社で提携先を持ったため、一般的なマーケットよりリーズナブルに対応してくれることが少なくありません。

「絶対に、空室だけは避けたい」と考えるのであれば、賃貸募集を得意とする会社に、また、「できるだけ、自分で対応することを減らしたい」と希望するのであれば「管理」に特化している会社に頼むなど、投資のスタイルによって、管理会社を選ぶとよいでしょう。

どうやったら物件の利回りをアップできるかは自分で考えるとしても、本業があるサラリーマンは、細かな作業は信頼できる管理会社に任せればよいのです。

第6章

投資で儲かるサラリーマン、儲からないサラリーマンはどこが違う?

「なんとなく儲かりそうだから」で買わない

私たちは「収益物件を買いたい」という人には、必ず「なぜ、不動産投資をしたいのか」とたずねます。

実は、その答えを聞くだけで、「この人は成功する」「うまくいくのは難しそうだ」と、おおよそ予測することができるのです。

儲《もう》けることができる人は「老後の資金」「子供の将来のため」「収入の柱を増やしたい」と、目的がはっきりしています。

その一方で、「稼ぎたいから」「なんとなく儲かりそうだから」と答える人の多くは、なかなか実際に稼ぐことができません。

なぜなら、「なんとなく」で買おうとする人は、目先の「よさそうな話」に振り回されてしまうからです。

私たちは、購入を希望する人の収入や職業、将来どうしたいかなどをヒアリングし、「そのためにはこうしましょう」と戦略を立ててアドバイスします。

ところが、「儲かりそうだから」という理由だけで買おうとする人は、お金になりそうな物件だと、すぐになんでも買いたがります。

将来を考えると、今はその物件はやめたほうがいい場合でも、ときには、ほかの不動産会社から購入したりしてしまうのです。

実際に、私たちが「やめたほうがいい」とアドバイスしたにもかかわらず、利回りに目がくらんで買い、失敗した人の例があります。

この物件は、東北地方にあるアパートでした。利回りは18％だったのですが、24戸のうち14戸しか入居していませんでした。

それなのに「なんとかなるだろう」と他社から買ってしまい、結局、なんともならず、入居者は減ることはあっても増えることはなかったのです。

この男性の場合、次に収益が出る物件を買う余裕があったため、私が紹介して1棟買っていただき、トータルでマイナスになることだけは避けられました。

しかし、1軒目でこうした物件を買ってしまうと、取り返しがつかなくなる場合が少なくありません。

不動産は、計画通りにできる安全な投資の一つです。

ただ、リスクに備え、目的に沿った物件を買うためには、目の前に現れる「儲かりそうな」物件ばかり追いかけていては難しいのです。

自分のライフプランを描いてから投資を始める

「なんのために不動産投資をするか」

この目的がはっきりしていない人は、ただ「買いたい」という気持ちばかりが先走り、「いいですよ」「儲かりますよ」といった、数値などの根拠や裏付けがない、ぼんやりとした言葉にのせられて、なんとなく買ってしまいます。

「なんとなく」を避けるためには、まず、将来に向けた自分のライフプランを描き、逆算して買うことをお勧めします。

ライフプランの要素としては、

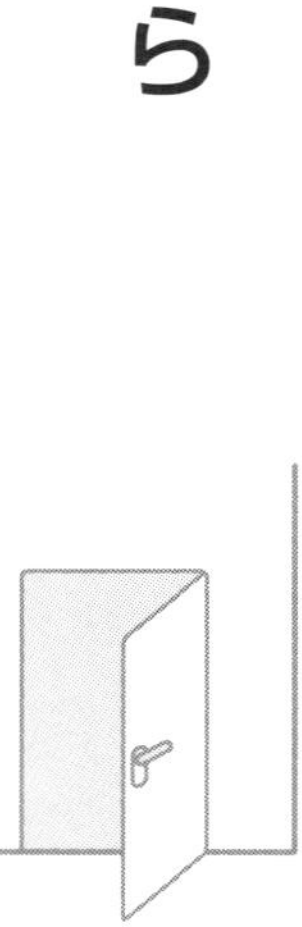

・どんな職業に就くのか（どのくらいのお給料か）
・いつ結婚するのか（費用はどのくらいかけるのか）
・子供は何人欲しいのか、また、どんな教育を受けさせるか（出産や子育てにかかる費用はどのくらいか）
・転職をする可能性はあるか（キャリアアップして収入に変化はあるか）
・老後はどんな生活を送りたいか（そのためにはどのくらいの費用が必要か）
・自分の遺産はどうするつもりか（資産をどう分配するか）
などがあり、あらゆる人生のイベントについて、どのくらいのお金が必要かを考えなければなりません。


私のところに相談に来られた人の例でお話ししましょう。

40代前半の男性は、二人のお子さんが、ちょうど翌年に高校受験と中学受験を控えていました。

子供たちの希望は、二人とも私立です。

そのため「どうしても、希望を叶えてあげたい」と考え、授業料などをシミュレーションし、年間500万円のキャッシュフローが欲しいということでした。

この男性のご家族は、とても教育熱心で、子供たちをたくさんの塾や習い事などに通わせていたため、貯金はほとんどありません。

でも、目標が決まったため、一緒になってふさわしい物件選びのお手伝いをしました。

そして、1年後までに、3億円の融資を得て、マンションを2棟購入。無事、年間キャッシュフロー500万円を達成したのです。

そしてお子さんは二人とも、無事、私立に進学し、ご家族の夢が叶ったのです。

また、50代の男性も、お子さんのサッカー留学の費用と生活費のために、不動産投資を始めました。

この男性は、お子さんが小さい頃から「サッカー留学したい」と熱望していたため、少しずつ貯金をしていました。

しかし、海外でサッカーを学びながら、生活していくためには、日本の大学に行く以上の費用がかかります。

そこで、足りない分、安定してキャッシュフローを得る手段として、不動産投資を決めたのです。

この男性も、1年後には、目標であった年間600万円のキャッシュフローを得ることができるようになりました。

もともとは、短期での留学の予定でしたが、安定したキャッシュフローを得ることができたため、今では、お子さんは現地に長期滞在し、サッカーに没頭しています。

こうした場面に立ち会うたびに、私は、キャッシュフローの目標を達成するだけでなく、家族の幸せが叶うお手伝いができることが、不動産投資の仕事の醍醐《だいご》味《み》なのだと実感します。

データを信用し過ぎると失敗する

収益物件がどのくらいの利益を生み出すかの指標の一つに「利回り」があります。

銀行の預金や債券などでも使われている言葉ですが、不動産投資の場合は少し意味が違います。

不動産情報で表示されている利回りである「表面利回り」は、次のように計算します。

表面利回り＝満室時の年間家賃収入÷物件の購入価格×１００

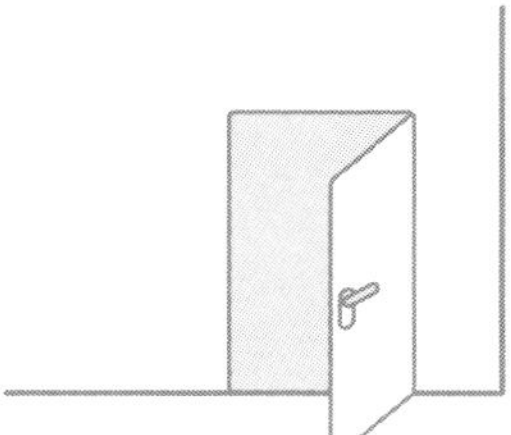

ただし、表面利回りには、管理費や清掃費用などの経費は、計算に入っていません。

金融商品では、経費を考える必要がありませんが、不動産投資では、ほかにも、修繕積立金や固定資産税などの、多くの経費を必要とします。

そのため、実際に購入を検討する際には、「実質利回り」を見ていかなくてはなりません。

実質利回り＝（満室時の年間家賃収入－経費）÷物件の購入価格×１００

特に注意が必要なのが、区分マンションです。

価格が５００万円、１ヵ月の家賃が5万円の物件は、表面利回りだけ計算すると、

60÷500×100＝12％

となり、12％の利回りであれば、悪くない投資のように思えます。

ところが、この物件に、管理費が毎月1万円、修繕積立金が2万円かかるとなると、それだけで、

（60－3×12）÷500×100＝4・8％

利回りは、なんと4・8％にまで減少してしまうのです。

また、たとえ実質利回りで計算しても、一棟ものならそもそもの家賃が満室を想定したものですから、空室が出れば変動します。

表面利回りだけで「すごい！　儲かる」と、飛びついてはいけないのです。

借金のプレッシャーに耐えられない人は不動産を買ってはいけない

収益物件の取引は、私生活では、あまり扱うことがない大きな金額が動きます。そのため、「失敗すると、リカバリーできないのでは？」と、不安になる人が少なくありません。

いろいろな情報を集めても、なかなか最初の1歩が踏み出せない、それは、多額の借金をすることを恐れてしまうのが大きな理由でしょう。

実際、契約をする段階になったときに、ハンコを押そうとして気分が悪くなり、トイレに入ったまま契約をしなかった人もいます。

借金をすることはよくないこと、という考えがあると、億単位の契約にプレッシャーを感じてしまうのでしょう。

こうした考えを持つ人は、あまり不動産投資には向いていないかもしれません。

不動産投資では、確かに、銀行から多額の融資を受けます。

でも、銀行だって、返してもらえる見込みのないお金は貸しません。

不動産に価値があるから貸してくれるのです。

つまり、物件とお金を交換しているだけなのです。


また、不動産投資で考えられるリスクのほとんどは、事前に備えることができるものです。

大きなリスクである空室や家賃の下落でさえ、そもそも空室が多いエリアでは買わない、3年後、5年後と、将来の家賃相場を想定して余裕のある物件を選ぶ、といったことで、リスクは回避することが可能です。

こうして、ある程度、予定通りに進めることができることに、大きな金額を投資するのは、決して「よくないこと」ではないはずです。

成功への近道は人の選ばないものを見つけること

欲しがる人が多いのに、数が少ないものは自然と価格が上がります。

不動産投資でいえば、都心の物件がよい例でしょう。

たくさんの人が住みたがり、また、保有したがるエリアは、物件価格が高いばかりでなく、利回りが低くなります。

たとえば、恵比寿、中目黒など、人気がありイメージがよいエリアは、賃貸需要が高く、空室になる可能性が低く思えます。

しかしこうした街は、人気がある分競争も激しく、特定の物件に希望者が殺到し、少しマイナスポイントがあると、見向きもされないことも少なくありません。

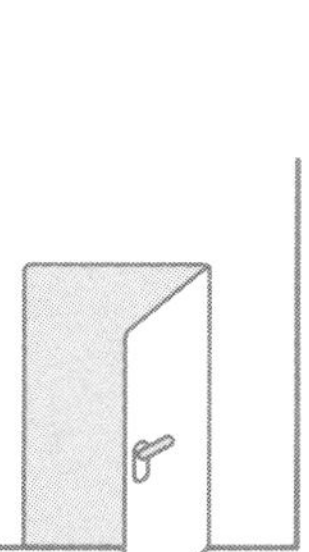

不動産投資で成功したいのであれば、少し視点を変えて、人気の街以外にも目を向けてみるのも大切なことです。

たとえば、１億円で物件を買おうとした場合、「高級住宅地」のイメージがある、世田谷区では、６戸程度の戸数が少ないものしか手に入りません。

一方で、同じ23区内でも、足立区であれば12戸ある物件を買うことができます。

６戸しかなければ、１部屋が空室になると、それだけで利益が83％に減少します。ところが、12戸あれば、たとえ1部屋が空室になっても、利益は８％減った92％を維持することができます。

同じ金額を投資しても、地域を選べばリスクが低い物件を選べるのです。

投資で得た資金はムダ使いしないで再投資する

収益物件をどんどん買い増しして、資産を積み上げていくサラリーマンと、思うように儲からないサラリーマン。

大きな違いの一つに、普段の生活でのお金の使い方があります。

「そんなこと、投資の成功に関係あるの？」

と思うかもしれません。

ところが、これが、大いに関連しているのです。


儲からないサラリーマンは、せっかくキャッシュフローが入っても、喜んで時計や服を買ったり、高価な外食を繰り返したりして使ってしまいます。

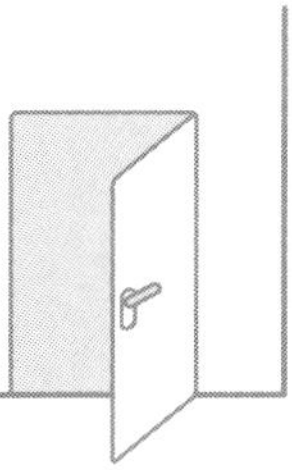

「不動産は融資を受けて買えばいい」と、現金を残しておかないのです。

しかし、手元に現金がないと、2軒目、3軒目と展開するときに、融資が受けづらくなってしまいます。

さらに、現金があれば、有利な値段で交渉することができますし、ほかの人が買えない物件も手に入れやすくなるのに、現金がないばかりに、いい条件で買いにくくなってしまうのです。

水道の蛇口からポタポタとたれる水滴が、キャッシュフローだとしましょう。

それが、コップの中に少しずつたまっていくのが、現金が手元に残ることと同じだと考えてください。

コップの中に水が半分たまったとき、飲み干してしまうのは、ムダ使いをするのと同様です。

コップにたまった水は、再投資に使うべきなのです。

再投資するのは、コップにたまった水を、残らず貯水タンクに戻すことに似ています。

そうやって、再投資するからこそ、次から落ちてくる水の量が増えていきます。

そして、ついにコップからあふれるようになったら、初めて、自分の楽しみのために使ってもいいでしょう。

あなたには、不動産投資で叶えたい目標があるはずです。

ムダ使いして寄り道をしていたら、なかなか目指すところにたどり着くことはできません。

「掘り出し物」ばかり探さない

不動産投資を始めようとしている人にありがちなのが、「掘り出し物」を探すことです。

しかし、不動産を含めた、さまざまな投資商品を見渡してみれば「リスクの高いものほど利回りが高い」という当たり前の事実に気づくはずです。

株やFXなど、ほかの投資商品と比べると、不動産はミドルリスク、ミドルリターンだと言われます。

つまり、不動産投資のリスクである、入居者の減少や家賃の下落などに見合った、適正な利回りのもので適正に稼ぐのが一番なのです。

では、不動産投資の適正な利回りはどれくらいなのでしょう。

時代やマーケットにもよりますが、私たちは、一般的に、首都圏では利回りが6～8％、地方では8・5～10％を目安にしています。

掘り出し物を求めるサラリーマンは、いわば、カローラの値段でクラウンを買いたいと言っているようなものです。

もしかしたら、驚くような価格や利回りの物件に出会うことがあるかもしれません。でも、激安で売られている車は、事故を起こしていたり、どこかに何らかの欠陥があったりするはずです。

不動産物件も同様です。

掘り出し物に見える物件ほど、何かあるのではないかとより慎重になるべきなのです。

不動産を買うのが目的ではなく、人生のリターンを得るのが目的

不動産投資は、物件を買うことが最終ゴールではありません。

収益物件から得られる、キャッシュフローを有効に活用して、目的や夢を叶える手段なのです。

不動産投資で得られるものは、いわば人生のリターンです。

たとえば「収入の柱を増やす」という目的が叶えば、将来の不安から解き放たれ、人生を楽しむというリターンが得られます。

また、お給料以外の収入があれば「クビになっても仕方ない」と、上司や同僚の顔色をうかがうことなく、のびのびと仕事をすることができます。

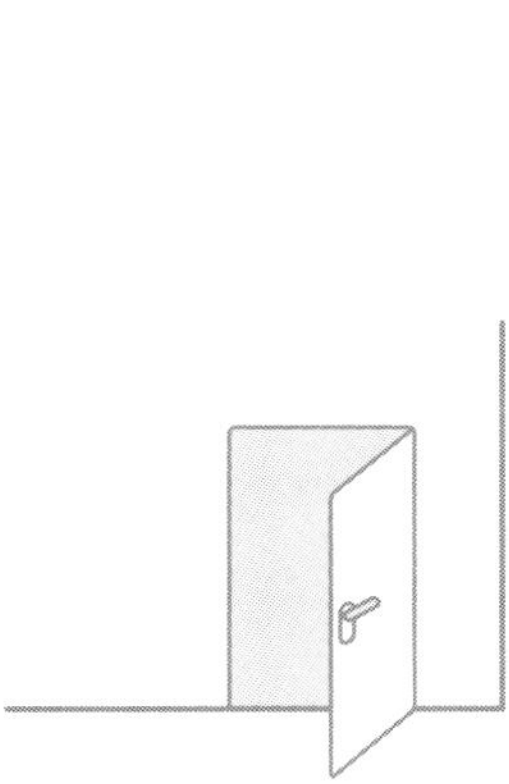

そのおかげで、本来の実力を発揮することができて、以前よりも評価が高まり収入もアップしたという人も少なくありません。

不動産投資から得られる収入があれば、あなただけではなく、子供や妻、そしてご両親など、ご家族も夢をあきらめることなく、やりたいことを追い求められるはずです。

夢や目標に向かって、コツコツとお金を貯めていくのも一つの方法です。

でも、それでは、今の生活の豊かさや楽しみをすべて先延ばしにすることになりかねません。

節約して貯金をすることが、各駅停車の電車に乗っているようなものだとすれば、不動産投資は特急列車に乗り込むようなものでしょう。

不動産投資は、目的地に向かって、最速で到達することを可能にしてくれるのです。

あとがき

不動産投資の成功をサポートするのが私たち

私は、子供のころから野球に熱中し、高校時代には、主将として甲子園出場の経験があります。

その経験から実感しているのは、アスリートとして成功するためには、優秀なコーチと出会うことが欠かせないということです。

国民的スターであるイチローを例にあげましょう。

お父さんが、毎日バッティングセンターに通わせてなければ、才能を引き出せていなかったかもしれません。

高校野球では「名将」といわれるコーチは毎年安定したチームを作り出します。それは、有名校に優秀な選手が集まるからではなく、「名将」のコーチが優秀な選手の力を引き出すからなのです。

どんなときでも、なにがあっても、選手の味方になり、能力を最大限に引き出し、成功へと導けるようにサポートをする。

私たちは、不動産投資で、そんな優秀なコーチの役割を果たしたいと思っています。

一人一人のライフプランに合った物件を見極め、どんなことがあっても、目標が達成できるようにお手伝いをする。

また、物件購入後も、なにかあったら相談にのり、最適なアドバイスをする。

そうすることで、給料以外の収入を得て、さまざまな夢や希望を実現し、輝かしい人生を送ってもらうことができる。

その手段として、不動産、そして私たちが少しでもお役に立てれば、こんなに嬉しいことはありません。

2017年春

株式会社「わひこ」　浅野恵太

著者プロフィール

浅野恵太

あさの・けいた

株式会社「わひこ」代表取締役。

茨城県出身。小学校から野球一筋でチームのリーダー。水城高校では、野球部の主将として、同校初の甲子園出場を成し遂げる。国学院大学入学後、通信制大学に転学。在学中に太陽光発電の会社に入社し、営業成績1位を獲得。2014年に独立系収益不動産会社へ入社。その後、実家の家業手伝いのため退社。家業が落ち着いた2015年、株式会社「わひこ」入社。入社後は仕入業務を担当。仕入物件数歴代1位を記録。営業部マネージャーに就任後は、部下のマネジメントと融資先の新規開拓に従事する。自身のチームを4ヵ月連続1位の好成績に導くなどの功績から、2016年8月より代表取締役に就任。時代とお客様にあった提案をし続けている。

9割の不動産営業マンは〝お勧め物件〟を自分では買わない

2017年7月25日　第1刷発行

著　者　浅野恵太
発行人　見城 徹

GENTOSHA

発行所　株式会社 幻冬舎
〒151-0051　東京都渋谷区千駄ヶ谷4-9-7

電話　03(5411)6211(編集)
03(5411)6222(営業)
振替　00120-8-767643
印刷・製本所:中央精版印刷株式会社

検印廃止

ISBN978-4-344-03149-4　C0095
幻冬舎ホームページアドレス　http://www.gentosha.co.jp/

この本に関するご意見・ご感想をメールでお寄せいただく場合は、comment@gentosha.co.jpまで。